再造唐朝
——郭子仪

吉林出版集团有限责任公司

吉林文史出版社

◎ 主编 金开诚

◎ 编著 王军亮

图书在版编目（CIP）数据

再造唐朝——郭子仪 / 王军亮编著 . 一长春：吉
林出版集团有限责任公司，2011.4（2022.1重印）
ISBN 978-7-5463-5052-3

Ⅰ.①再… Ⅱ.①王… Ⅲ.①郭子仪（697～781）–
生平事迹 Ⅳ.①K825.2

中国版本图书馆 CIP 数据核字（2011）第 053493 号

再造唐朝——郭子仪

ZAIZAO TANGCHAO GUOZIYI

主编/ 金开诚 编著/王军亮

项目负责/崔博华 责任编辑/崔博华 邱 荷

责任校对/邱 荷 装帧设计/柳甬泽 张红霞

出版发行/吉林文史出版社 吉林出版集团有限责任公司

地址/长春市人民大街4646号 邮编/130021

电话/0431-86037503 传真/0431-86037589

印刷/三河市金兆印刷装订有限公司

版次/2011 年 4 月第 1 版　2022 年 1 月第 5 次印刷

开本/640mm×920mm 1/16

印张/9 字数/30千

书号/ISBN 978-7-5463-5052-3

定价/34.80元

前　言

　　文化是一种社会现象，是人类物质文明和精神文明有机融合的产物；同时又是一种历史现象，是社会的历史沉积。当今世界，随着经济全球化进程的加快，人们也越来越重视本民族的文化。我们只有加强对本民族文化的继承和创新，才能更好地弘扬民族精神，增强民族凝聚力。历史经验告诉我们，任何一个民族要想屹立于世界民族之林，必须具有自尊、自信、自强的民族意识。文化是维系一个民族生存和发展的强大动力。一个民族的存在依赖文化，文化的解体就是一个民族的消亡。

　　随着我国综合国力的日益强大，广大民众对重塑民族自尊心和自豪感的愿望日益迫切。作为民族大家庭中的一员，将源远流长、博大精深的中国文化继承并传播给广大群众，特别是青年一代，是我们出版人义不容辞的责任。

　　本套丛书是由吉林文史出版社和吉林出版集团有限责任公司组织国内知名专家学者编写的一套旨在传播中华五千年优秀传统文化，提高全民文化修养的大型知识读本。该书在深入挖掘和整理中华优秀传统文化成果的同时，结合社会发展，注入了时代精神。书中优美生动的文字、简明通俗的语言、图文并茂的形式，把中国文化中的物态文化、制度文化、行为文化、精神文化等知识要点全面展示给读者。点点滴滴的文化知识仿佛颗颗繁星，组成了灿烂辉煌的中国文化的天穹。

　　希望本书能为弘扬中华五千年优秀传统文化、增强各民族团结、构建社会主义和谐社会尽一份绵薄之力，也坚信我们的中华民族一定能够早日实现伟大复兴！

目录

一、武举出仕 勇立首功

（一）世家子弟初露峥嵘

郭子仪出身于官僚家庭，父亲郭敬之，文武双全，为人正直，官至刺史等职。在这样的家庭环境中，郭子仪自小就受到父亲的严格教诲，不但接受了"修身齐家治国平天下"的儒家正统思想，而且特别爱读兵书，并勤练武功，无论读书还是习武都很刻苦。

少年时代的郭子仪长得俊秀挺拔，

剑眉星目，十分惹人喜爱。成年后，郭子仪更是出落得身材魁梧，体魄健壮，面貌英俊。郭子仪不仅枪法娴熟，武艺高强，而且还公正无私，不畏权贵。传说，他20岁时，在河东（今山西太原）服役，曾犯有过失，按军纪应该斩首。在押赴刑场的途中被当时著名诗人李白发现。李白本来和他并不相识，但见他相貌非凡，凛然不惧的样子，甚感可惜。又听说他颇有才能，意志坚强，便赞叹地说："这样的人，将来一定能为国家做出一番大事业，杀了多可惜啊！"李白为郭子仪感到惋惜，便立即到当地官员那里说情，最后以自己的官职做担保，把郭子仪救了出来。从那以后，李白和郭子仪成了莫逆之交。后来，李白参加永王李璘幕府，因受牵连下狱，郭子仪曾经请求替他赎

罪，报答他当年的救命之恩。

郭子仪的青年时代正处在民富国强、社会繁荣的大环境中，也就是所谓的"开元盛世"。在这一时期，社会经济稳步发展，国力强盛。唐玄宗李隆基励精图治，扫除积弊，任用贤能，从而使得社会政治清明，人民安居乐业。当时伟大的爱国诗人杜甫在他的《忆昔》一诗中描写道："忆昔开元全盛日，小邑犹藏万家室；稻米流脂粟米白，公私仓廪俱丰实。"大概意思是说：想起当年开元盛世的日子里，

就连一个小县城也要有万户人家。大米
喷香，小米金黄，公家和私人的仓库里
粮食都装得满满的。

武则天登基后，为了巩固自身的统
治，赢得全社会的广泛支持，使自己从
李氏家族手中夺取的皇权更加稳固，便
开始广泛招揽文武全才参与政治。她十
分重视人才的选拔，完善和发展了隋朝
的科举制度，选官不再看重出身和财富，
而主要以真才实学来选拔人才，从而使

得社会的中下层人民也有机会进入统治阶层。同时为了解决国家对军事人才的需求，武则天在长安二年（702年）创设武举，同时下令允许民间练习武艺，让青少年从小就开始练习骑射技艺，强身健体。武举的创设也为郭子仪铺平了一条步入军界的道路。后来郭子仪果然不负众望，夺得武状元。武举得中后，初任左卫长史（皇帝禁军幕府中的幕僚长），之后因屡立战功，多次被提升。749年做到天德军使（驻地在今内蒙乌拉特前旗西），兼九原（今乌拉特前旗北）太守。虽然当时的唐朝正处于民殷国富、繁荣昌盛的"开元盛世"中，对外并没有大的战事，但郭子仪却经常想到可能会发生战事，他一面守卫着国家的边疆，一面严格操练兵马，以备战事需要。

随着"安史之乱"的爆发，郭子仪的人生翻开了崭新的一页。可以说，"安史之乱"带给普通百姓的是无尽的伤痛，摆在郭子仪面前的则是能够使他鹏程万里、扬名青史的机遇。

（二）隐患暗藏危机四伏

唐朝的北部边疆色楞河一带，生活着回纥人，而在西部青藏高原一带，生活着吐蕃人，唐朝同边疆各族虽然也发生过战争，但友好相处和经济文化交流却是主要的。

自高宗以来，唐朝在边疆上一直有重兵驻守。玄宗时，为了加强防御，在

重要地区设立了十个军镇，每个军镇都设置一个节度使。节度使起初只负责几个州或一个道的军事，后来兼管行政和财政，权力日益增大，成了独行一方的土皇帝。而这时的唐玄宗专宠杨贵妃，整日沉迷于酒色中，不理朝政，政治十分腐败。宰相李林甫同杨贵妃的哥哥杨国忠先后掌权，任人唯亲，无恶不作，使社会矛盾日益尖锐。当时边疆的十个节度使的总兵力达到了四十九万，而唐朝中央禁军不过十二万人，形成了严重的外重内轻的局面。唐玄宗骄奢淫逸的生

活和节度使权力的过大，终于给驻守北方边境，手握重兵的野心家安禄山、史思明等以可乘之机，这就是唐朝历史上著名的"安史之乱"。

天宝十四年（755年），平卢（今辽宁朝阳）、范阳（今北京）、河东（今山西太原）三镇节度使安禄山造反，"安史之乱"正式爆发。安禄山和史思明都出生在少数民族部落。安禄山原名阿荦山，父亲是西域人，母亲是一名女巫。安禄山幼年丧父，随母改嫁到虏族将领安延偃家，因而改姓为安，字禄山。史思明则是安禄山从小一块儿长大的好朋友，两人都以勇猛好斗闻名四邻八乡。开元初年，安延偃带他投归了唐朝，在幽州节度使张守珪的部队里做事。唐将张守珪任命安禄山为搜捕官，命他带兵出塞巡逻。而安禄山也确实能干，每次出塞都能生擒数名契丹士兵。张守珪见他作战勇敢又有智谋，就把他收为养子，并

推荐给朝廷。这时朝廷由宰相李林甫专权，安禄山便大肆贿赂他。李林甫嫉恨儒臣因战功提升，对自己不利，便劝玄宗说："文官出任统帅，对真正的战争往往会束手无策，不如重用贫寒出身的蛮族。这些人打仗勇敢，又不会结党营私，陛下只要以恩相待，他们都会忠心为朝廷效劳的。"于是玄宗开始大批启用番将，并对安禄山更加宠信。

安禄山表面看来性格开朗，忠厚老实，其实内心却十分狡诈。当他触及到唐朝政权的核心后，他开始大行韬晦之计，表面上装作愚蒙不敏以掩盖其奸诈。有一次，皇帝让他去见皇太子，他故意不叩拜，左右官员指责他，安禄山说："臣不识朝廷礼仪，皇太子是何官？"皇帝说："我百年后将皇位交付给他。"安禄山谢罪说："臣愚蠢，只知天下有陛下，而不知有太子，罪该万死。"于是再叩拜。当时杨贵妃得到皇帝的宠幸，安禄山即请求做贵妃的养子，皇帝同意了。他叩拜时，必先叩拜贵妃后叩拜皇帝，皇帝对此感到奇怪，他回答说："番人是先母后父。"皇帝听后非常高兴，对安禄山更加宠爱。看到皇帝如此相信自己，安禄山的不臣之心更加迫切，他安排亲信在长安探听消息，却每年向皇帝进贡表示自己人臣之意。随着对皇帝性格的熟悉，安禄山越来越讨玄宗欢心。晚年的安禄山身体更加肥胖，腹部的赘肉松弛到膝盖，两只臂膊用力拉牵着腹部才能行走，可在

皇帝面前跳起胡旋舞，仍然迅疾如风。皇帝看着他的腹部说："胡儿腹中有何物而这样大？"安禄山说："唯有一片赤心！"玄宗于是为他的赤诚所深深感动。天宝七年（748年），玄宗赏赐给安禄山铁券：只要不谋反，免死十次。安禄山一面在朝廷之上巧言奉承，一面以抵抗蛮族南下为名修筑雄武城，扩充兵士，积聚粮食，储备大量武器；同时他还暗中派遣胡商到各地经商，每年坐收百万之利，采购大量叛乱物资，随时准备谋反。

安史之乱爆发前，唐朝已多年未发

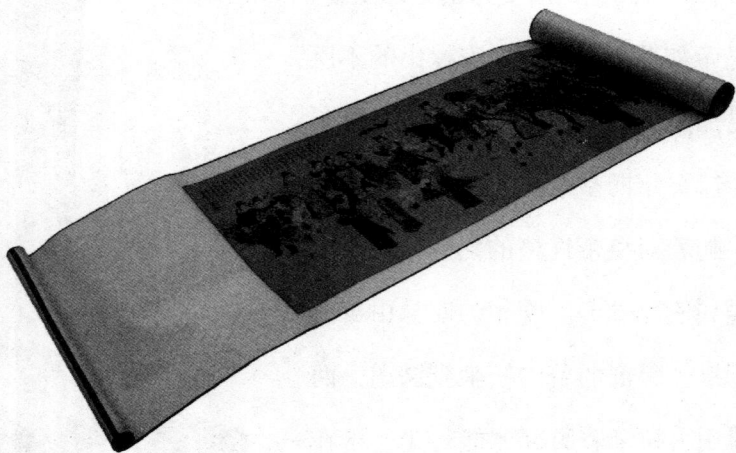

生过战争，兵无斗志，军备空虚，尤其
是很多名城要塞都没有设防。在这种情
况下，野心勃勃的安禄山认为谋反篡权
的时机已经到来，只是感觉玄宗皇帝待
他不薄，觉得师出无名，所以打算在玄
宗死后再起兵谋反。不料主持朝政的
杨国忠觉察出了安禄山的狼子野心，屡
次向皇帝上奏要提防安禄山。杨国忠的
耳边风使得玄宗皇帝逐渐起了疑心，但
也加速了安禄山谋反的过程。担心夜长
梦多的安禄山于唐天宝十四年（755 年）
十一月初九以"奉密旨讨杨国忠"为名，
召集了兵马十五万人，号称二十万，从范

阳起兵，长驱南下，势如破竹。沿途各地方官看到连绵几十里的叛军队伍，有的弃城逃跑，有的开门迎接。安禄山的叛军一路上基本没有遇到什么抵抗，很快就渡过了黄河，占领荥阳（今河南荥阳）。唐玄宗急忙派封常清率军镇守东都洛阳，高仙芝戍守陕州（今河南三门峡）。十二月，安禄山击败封常清，进入洛阳，并挥军西进，高仙芝和封常清被迫率兵退守潼关。但是，糊涂的唐玄宗误听宦官的谗言，杀害了封常清、高仙芝二将。

而后启用卧病在家的大将哥舒翰，率兵
八万与封、高旧部合兵号称二十万，进
驻潼关。天宝十五年（756 年）正月，安
禄山在洛阳自称大燕皇帝，准备与唐朝
分庭抗礼。在这紧要关头，郭子仪被任
命为朔方（今内蒙古自治区乌拉特旗东）
节度使，率本部兵马讨伐叛军。

（三）奉旨平叛捷报频传

在郭子仪奉命回到朔方后，立即招
兵买马，补充兵员，试图从正面战场出
击叛军，以收复洛阳。仔细分析战况后，
郭子仪认为，必须夺取河北各郡，切断
洛阳与安禄山老窝范阳之间的联系，绝

其后方供给线，才能有效地打击叛军前线的有生力量。郭子仪首先率军击溃了振武军（今内蒙古托克托）的安禄山叛军，紧接着收编了靖边军，击败了河曲（今山西永济西）叛将高秀岩，收复云中（今山西大同）、马邑（今山西朔县）两郡，打通了东进的道路。同时郭子仪推荐李光弼（契丹人）为河东节度使，令其率军由太原出井陉口（今河北省井陉县），进入河北中部，收复常山（今河北正定）。史思明闻讯后，亲率两万骑兵从西包围李光弼，争夺常山，双方激战四十多天，均无法取胜。李光弼又因史思明截断了常山粮道，被迫困守，并派人向郭子仪求援。四月，郭子仪急率军出井陉，与李光弼合兵十余万，在常山西南九门县（今河北省藁城西北）大败史思明，然后乘势攻入赵郡（今河北赵县）。

安禄山闻听史思明大败，恼羞成怒，当即派遣蔡希德率精锐骑兵两万前来增

援史思明。史思明收集逃散士卒，与援军合兵五万，气势汹汹直逼郭子仪、李光弼驻守的恒阳（今河北曲阳）。郭子仪见叛军来势凶猛，不可一世，为了避敌锋芒，实行疲敌政策，一方面深沟高垒，加强工事，积极做好反攻准备；一方面采取敌来则守、敌去则追的战略战术，白天耀武扬威，夜里偷袭敌营，不给叛军以喘息的机会。史思明的将士由于无法休息，双方对阵几天后，叛军疲惫不堪，士气低落。郭子仪见歼敌的时机已到，与李光弼率军奋然出击，在恒阳境内的嘉山再次大败史思明，杀敌四万余

人，俘虏千余人，缴获战马五千匹。叛军首领史思明中箭落马，丢盔弃甲狼狈逃回营中。郭子仪、李光弼率军乘胜追击，围史思明于博陵（今河北定县）。嘉山一战，唐军声名大振，河北中部十余郡的地方官和军民纷纷起来诛杀叛军官吏，归顺朝廷。

（四）良策被拒长安失守

郭子仪和李光弼在河北的胜利，加上河南、山东等地唐军的不断袭击，有效牵制了安禄山叛军的西进，同时也切断了他们与老巢范阳的联系，使整个战争的形势出现了有利于唐军的变化。这时郭子仪提出了坚守渣关，挥军北上，直捣范阳的方略。如果朝廷采纳这个方略，平定安史之乱就不需要很长的时间了。郭子仪的想法是乘胜攻取叛军的老巢范阳（今河北涿州），安禄山也必然会由于后方受到威胁，前面又有哥舒翰坚守在潼关，陷入西进不得、北退不能的被动局面，这样官兵就可以在较短的时间里几路进军，集中消灭叛军。

天宝十五年（756 年）五月，求胜心

切的唐玄宗不顾多数大臣的劝告，误听宰相杨国忠之言，在准备并不充分的情况下，强令驻守潼关的哥舒翰出关反攻，收复洛阳。哥舒翰虽然拥有近二十万的军队，但多数士兵都是临时招募来的新兵，并没有太强的战斗力。他认为叛军远道而来，必然要求速战速决，唐军只要凭借潼关的险要之处，坚守阵地，以打破叛军的速决企图，而待其兵力削弱，内部发生变乱时，再大举出击反攻，胜算会更大。但糊涂的玄宗皇帝就是听不进去。哥舒翰知道圣命难违，只好带兵

出关，结果在灵宝境内中了叛军的埋伏，
全军覆没，他本人也被俘，潼关失守。
叛军随即西出潼关，攻占长安，唐玄宗
仓皇逃往四川。唐王朝的东、西两京均
被叛军占领，战局迅速恶化。郭子仪、
李光弼听说潼关失守，唐玄宗西逃，只
好率军退入井陉，河北者郡县重被叛军
占领。

二、收复两京　再造大唐

（一）破潼关，收复长安

就在唐都长安陷落之后，唐玄宗带领太子李亨及杨贵妃、杨国忠和数千禁军仓皇出逃。行至马嵬坡（今陕西兴平西）时，随行将士发动了兵变，处死了祸国殃民的宰相杨国忠，并逼迫唐玄宗赐死杨贵妃。唐玄宗最后逃到成都。太子李亨在随行将士的拥护下在灵武（今甘肃灵武）即帝位，称唐肃宗。郭子仪随即奉诏率朔方军五万人赶来灵武护驾。当时的唐王朝已经没有一支完整的部队，当郭子仪率领朔方军到达灵武后，朔方军严整的军容和高昂的斗志给人们重新带来了复兴唐朝的希望，军威国威也都为之一振。

天宝十五年（756年）八月，肃宗任命郭子仪为兵部尚书、同中书门下平章事（宰相），仍兼任朔方军节度使。宰相房琯欲立头功，主动请缨带兵收复长安，

得到了肃宗的应允。不想房琯是个只会
"纸上谈兵"的将军。他出战前，还向
肃宗夸下海口："臣这次出兵，定能马到
成功。不获全胜，决不来见陛下。"但是
房琯并没有分析具体的战况，而是机械
地照搬古人的"车战法"，用两千辆牛车
排成长蛇阵，牛车的一边是骑兵，另一
边是步兵，士兵列队前进。战斗一开始，
叛军就顺风擂鼓，摇旗呐喊，并乘势燃
起大火，火借风势，风助火威。刹那间，
只见烟雾迷漫、火光冲天，牛马被火惊
吓之后，四处乱窜。片刻之间，唐军的
军粮、马匹、营寨全被烧毁，官兵也是
四散逃窜，死伤四万余人，房琯本人也
几乎送了命。唐肃宗惨淡经营起来的数
万军队，一战就损失殆尽。肃宗也真正
认识到要消灭叛军，收复两京，非郭子
仪不可，同时郭子仪的朔方军也就成了
朝廷必须倚重的主力部队。十一月，郭
子仪联合回纥击败了欲进攻灵武的叛军

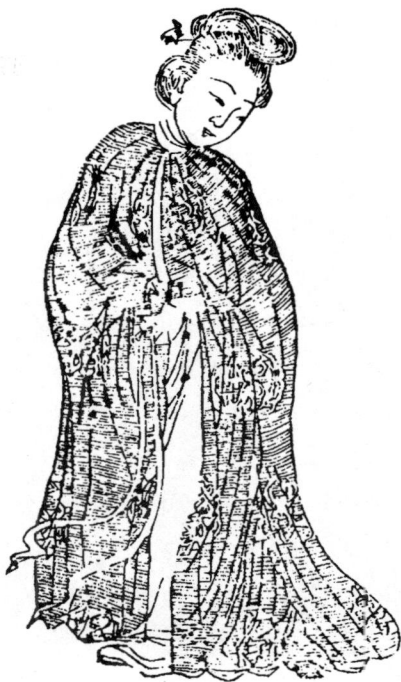

将领阿史那从礼等，歼敌三万余人，俘虏一万人，重创叛军，消除了朔方的后顾之忧，保卫了战时的统治中心灵武的安全。

郭子仪吸取房琯失败的教训，认为要收复两京，必须先夺取潼关，攻入陕州（今河南陕县），击溃潼、陕之间的叛军，截断叛军的后路，然后才能直取长安。由于郭子仪的分析正确，唐肃宗十分赞赏，命令唐军按照郭子仪的军事部署行进。随后，郭子仪领兵直趋潼关，打败了叛军守将崔乾祐，一举夺取潼关，收复了陕州（今河南陕县）、蒲州（今山西

永济），清除了进攻长安的障碍，并截断了长安叛军的退路。

经过半年多的积极备战和连续几场胜仗，唐军的军事实力得到很大的加强。至德二年（757 年）二月，唐肃宗进驻凤翔（今陕西凤翔）。此时，叛军内部发生了内讧，安禄山被其子安庆绪派人杀害，安庆绪自立为帝，同时驻扎在范阳的史思明又不听从安庆绪的调遣。肃宗看到安禄山已死，便准备大举讨伐叛军。诏令郭子仪为司空，担任天下兵马副元帅，并将收复两京的任务交给了他。四月，郭子仪率军由凤翔东进，准备攻取长安。在击败叛军李归仁的铁骑后，遭到了叛

军安守忠等的伏击，只得退守武功（今陕西武功）。

同年九月，求胜心切的唐肃宗任命其子广平王李俶为天下兵马大元帅，郭子仪为副元帅，率军十五万进攻长安，并以"克城之日，土地士庶归唐，金帛女子皆归回纥"的条件，向回纥借骑兵四千前来助战。郭子仪这次吸取了初战失利的教训，加强了部队的纵深防御。他自己率领中军，李嗣业为前军，王思礼为后军，浩浩荡荡直奔长安西香积寺附近，在香积寺以北安营扎寨，与安守忠、李归仁和张通儒率领的十万叛军对阵。叛军贼首安守忠、李归仁自恃兵精将勇，出城挑战。唐军奋勇迎敌，快逼近敌营时，叛军擂动战鼓，一起冲杀上来，唐军措手不及，只得败退下来。叛军乘机追击。唐军前军将领李嗣业策马扬鞭，赤膊上阵，挥动手中的长刀，对唐军士兵高喊道："叛军已经把我们包围住了，逃跑只有死路一条！"只见他的刀光过处，数十名叛军的人头落地。唐军受到主帅的激励，个个振奋，擂动战鼓，返身杀回，很快将叛军团团包围。此时，回纥兵突然从敌后杀出，敌人腹背受敌，但并没有放弃抵抗，双方展开了激烈的白刃战，一直从中午厮杀到傍晚，唐军

最终大败叛军，歼敌六万多人，生擒两万余人，残兵败将狼狈逃回城内。

郭子仪手下的战将仆固怀恩认为机不可失，主张连夜攻城，彻底消灭贼首，以免他们羽翼丰满，再生后患。他数次请求大元帅李俶，要求带兵前去追杀。但李俶以部队疲劳为由拒绝了他的请战要求。结果叛军将领李归仁、张通儒等连夜逃出了长安，唐军丧失了乘胜歼敌的良机。第二天，唐军进入长安城。老百姓听说唐军回来，都喜出望外，夹道欢迎。有的甚至喜极而泣地说："想不到今天又见到了官军。"纷纷杀鸡宰羊，

抬出美酒欢迎唐军。肃宗在凤翔听到捷报，群臣称贺。

（二）施妙计，光复洛阳

长安收复后，肃宗由灵武迁回长安。唐军乘胜在郭子仪的率领下向洛阳进军。驻守洛阳的叛军守将安庆绪听说唐军前来攻城，慌忙派大将庄严、张通儒带领15万大军前去迎战。叛军在新店（河南省郏县西）与唐军相遇。新店地势险要，易守难攻。而叛军更是依山扎营，居高临下，形势对唐军非常不利。郭子仪为了

化劣势为优势，趁叛军立足未稳，选派两千名英勇善战的骑兵，向敌营冲杀过去，又派了一千名弓箭手埋伏山下，再令协助作战的回纥军从背后登山偷袭，自己则亲率主力与叛军正面交战。一切部署完毕，唐军立即擂鼓出战。叛军从山上猛冲下来。郭子仪佯装败退，边战边走。叛军大喜，倾巢出动。这时，突然杀声如雷，一干唐军埋伏的弓箭手像神兵一般从天而降，万箭齐发，无数的箭镞像雨点一样射向敌群。而此时，李嗣业率领的回纥兵也从山后杀了出来，叛军在漫天的尘土中看到猛冲过来的回纥兵，大惊失色，阵脚大乱。郭子仪乘势杀了个回马枪。叛军前后被围，左右挨打，进退无门。正在这时，又听到四处高喊："回纥兵来了，赶快放下武器投降吧！"在唐军和回纥军的合击之下，叛军被打得溃不成军。死伤的士兵连道路都给堵塞了。庄严、张通儒拼死才逃回洛阳，向安庆绪建议："三十六计，走为上。"安庆绪走投无路，只好收拾残部，弃城北走，官军一举收复洛阳。

　　洛阳收复后，郭子仪因战功加封司徒，封代国公。返朝后，肃宗十分高兴，亲自带领仪仗队到霸上（今陕西西安东）迎接。并盛赞他说："大唐虽然是我李家的天下，实际上是由你再造啊！"郭子仪叩首感谢。同年十二月，郭子仪返回洛阳，奉命筹划北上讨敌之策。

三、功高受谗　屡失兵权

（一）相州兵败，痛失兵权

唐军收复两京后，唐肃宗并没有及
时组织大军追击叛军，而是忙于大封功
臣，庆贺胜利。而退守相州（今河南安
阳）的安庆绪便乘此机会，在河北诸郡
招募新兵，并收集各地的散兵游勇。不
久，安庆绪就重新聚集了六万多人的队
伍，固守相州，以对抗唐军。直到乾元
元年（758年）七月，唐肃宗才下诏令命

郭子仪北征。驻守相州的安庆绪令部将安守忠南下抵抗，双方在黄河北岸展开激战，唐军几个回合就击溃了叛军，俘虏了安守忠等叛将，胜利返回洛阳。郭子仪奉诏回长安献俘虏，唐玄宗亲率文武百官列队相迎，诏封郭子仪为中书令。九月，唐肃宗令郭子仪、李光弼等九节度使统兵二十万，征讨安庆绪。唐肃宗认为李光弼的功劳和郭子仪相当，难以相互统属，所以此次出征并未设元帅，而是以宦官鱼朝恩为观军容宣慰使，负责节度诸军，鱼朝恩实际上就成了这支大军的最高统帅。

　　十月，郭子仪率兵渡过黄河，进至获嘉（今河南获嘉），言败安庆绪大将安太清，歼敌五千余人，然后继续进军围攻卫州（今河南汲县）。安庆绪倾巢出动，派兵七万分三路增援卫州。郭子仪严阵以待，将三千弓箭手埋伏在营垒之后，并命令士兵说："我军退，贼兵必追我，你们即可登上营垒，万箭齐发。"然后自己率领部分军队与安庆绪交战，几个回合之后佯装败退。安庆绪不知是计，率兵追击，唐军金鼓齐鸣，箭如雨下，叛军死伤惨重，被迫撤退。郭子仪率兵乘胜追击，斩杀敌军四万余人，缴获铠甲数

十万，活捉安庆绪之弟安庆和，收复卫州。而后郭子仪率军继续向相州进发，其他节度使也率所部赶到，将相州城团团围住。安庆绪龟缩在相州城内，走投无路，只得向史思明求救。

十一月，史思明率兵十三万南下，见唐军势力强大难以抗衡，便先派部将李归仁率步骑万人攻占了相州城北的滏阳（今河北磁县），与安庆绪遥相呼应，后又分兵三路南下，攻占了魏州（今河北大名）。史思明在魏州以逸待劳，按兵不动以待时机。乾元二年（759 年）二月，郭

子仪为了将叛军一网打尽，令士兵挖通相州城墙，引漳河水灌城，相州城顿时变成了一片汪洋。虽然城中叛军粮食奇缺，但安庆绪仍坚守了四个月等待史思明的救援。相州城内，粮食吃尽了，人们就挖野菜，削树皮充饥，后来连一只老鼠都能卖到四千文的天价。本来攻陷相州城已是朝夕之事，但是由于唐军没有统一的号令，诸军各自为战，宦官鱼朝恩又根本不懂军事，围城日久而不见成效，军心早已懈怠。史思明见有机可乘，率兵逼近相州城，令诸将在距相州城五十里的四周扎营，每个军营还配备几百面大鼓，日夜擂击，震慑唐军；而且还让每营选派精锐骑兵，每天轮番骚扰唐军。在叛军的骚扰下，唐军日夜防范，疲于奔命，士气愈加低落。史思明还派人乔装唐军，截击唐军粮车，焚烧了唐军粮饷，致使唐军粮食奇缺，军心浮动。在准确地掌握了唐军的士气后，养精蓄锐的史思明突然率精兵同唐军展开激战。两军正交战时，忽然狂风呼啸，咫尺之间看不清东南西北。双方都阵营大乱，

唐军向南溃退，叛军向北奔逃，辎械丢
得漫山遍野，郭子仪只得收集残余部队，
带领朔方军退守洛阳。史思明集结兵马
进入相州城，诱杀了安庆绪，收编了他
的军队，留下其子史朝义驻守相州，自
率大军返回范阳。

　　这次战斗，唐军由于缺乏统一指挥，
损失惨重，各路王师只得撤回本镇。本

次战斗失利，应问罪鱼朝恩，但不明是非的肃宗，不但不斥责鱼朝恩，反而给他封官加爵，更加器重他。鱼朝恩由于得到皇帝的宠爱，越发盛气凌人。他一向嫉妒郭子仪，怕他功高位重，对自己不利，因此常在肃宗面前诽谤郭子仪。为了陷害郭子仪，鱼朝恩硬把相州一战失利的责任推在郭子仪身上。糊涂的昏君，信以为真，竟然夺了郭子仪的兵权，召他回朝，让李光弼代替他指挥朔方军。

郭子仪接到皇帝的命令，连夜返京。由于郭子仪平时对待士兵宽厚仁爱，从不打骂、训斥士兵，因此将士们听说郭子仪要离开他们，都跑来挽留。有的哭哭啼啼，依依不舍；有的要跟他一同去长安。郭子仪也不忍和将士们分离，但又不敢违抗皇帝的命令，他宽慰将士们说："我是去送京城派遣来的使臣，哪里是离开你们，你们要服从命令。"说罢怅然离去。

（二）重掌帅印终平叛贼

史思明听说郭子仪被夺去兵权后，心中大喜，立即率大军南下，攻占了汴州（今河南开封）、郑州等地，乾元二年（759年）五月带领大军向洛阳进犯。软弱的唐朝廷十分恐惧，无计可施。驻守洛阳的李光弼接连吃了几次败仗，被迫再次放弃洛阳，退守河阳，而洛阳则又重归史思明手中。上元元年（760年）正月，在家闲居年余的郭子仪被起用，任命为邠宁（今陕西彬县）、鄜县（今陕西富县）节度使。鱼朝恩又进谗言，让郭子仪赴任，肃宗便让郭子仪留在长安，成为名

义上的两镇节度使。这时朝廷上下议论纷纷，都说："郭子仪为朝廷立过多次战功，又善于用兵，为什么放着良将不用，让叛军逞凶呢？"肃宗醒悟过来，九月又任命郭子仪为诸道兵马都统，率诸道军七万人出朔方直攻范阳。但诏令刚下达，就被鱼朝恩给拦下了。平日里鱼朝恩就把郭子仪看成眼中钉，常想设计陷害他，因此更害怕郭子仪功劳太大对自己不利，于是这一诏令就又被废止了。

史思明在占据洛阳不久，就被自己的儿子史朝义杀死了。上元二年（761年），李光弼邙山战败，河阳失守，京城长安再一次面临叛军的威胁。伴随着洛阳、河阳的失陷，河东（今山西太原）一带的驻军也骚动起来，太原、绛州（今山西新绛）两地驻军擅杀主帅，朝廷怕他们和叛军连成一气，深以为忧。无奈之下，肃宗不得不再次起用已经年满六十六岁的郭子仪前去平定叛乱，并晋封郭子仪

为汾阳郡王。上元三年（762 年）三月，郭子仪辞朝赴镇，重病中的肃宗在病榻之上对郭子仪说："河东的事情，全都委托给卿了。"郭子仪呜咽流涕而出。来到绛州，郭子仪按军法杀掉了王元振等数十人，平息了兵乱，从此河东诸镇将帅皆遵奉国法。功勋卓著的郭子仪带兵接连打了几个胜仗，使低落的唐军士气得到了鼓舞。

在郭子仪被重新起用不久，肃宗驾

崩。公元762年四月，代宗李豫（即李
俶）即位。宦官程元振自恃拥立代宗有
功，飞扬跋扈，干涉朝政，嫉恨功臣名将，
更是把郭子仪视为眼中钉、肉中刺，不
断地进谗、挑拨，郭子仪再次被解除兵
权，担任"山陵使"，负责修建唐肃宗的
陵墓。郭子仪深知皇帝受程元振的控制，
误了国家大事，为了向朝廷表示自己的忠
心，以防再遭程元振诬陷迫害，就将过
去肃宗颁发的多篇诏书和代宗为太子时

所赐予的千余件敕书交给代宗审阅，并向代宗上书说："我的功德像蝉翼一样薄，命比鸿毛还轻。我为唐朝的强大披星戴月，南征北战。东西十年，前后百战。天寒剑折，溅血粘衣。野宿魂惊，饮冰伤骨。跋涉难阻，出没死生。请陛下相信我对唐朝的忠心。陛下要亲近贤人，远离奸臣。不然，唐朝就危险了。"代宗看到书信，回想起当年同郭子仪并肩作战，一起收复两京的往事，不禁潸然泪下，

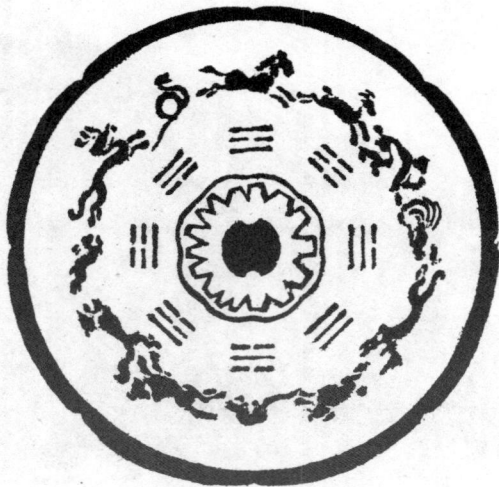

代宗李豫（727—779年），初名俶，肃宗长子，唐代第八位皇帝。宝应元年（763年）四月，肃宗死，宦官李辅国拥立李豫为帝。代宗在位期间，宦官主兵，藩镇坐大，武将日横，统一专制的强大王朝逐步走向衰落。大历十四年（779年）五月辛酉日，病死于紫宸殿，十月葬于元陵。

保护范围：
A区：四门土阙、角阙、神道以内。
B区：A区向外延伸500米内。
C区：B区向外延伸60米内。

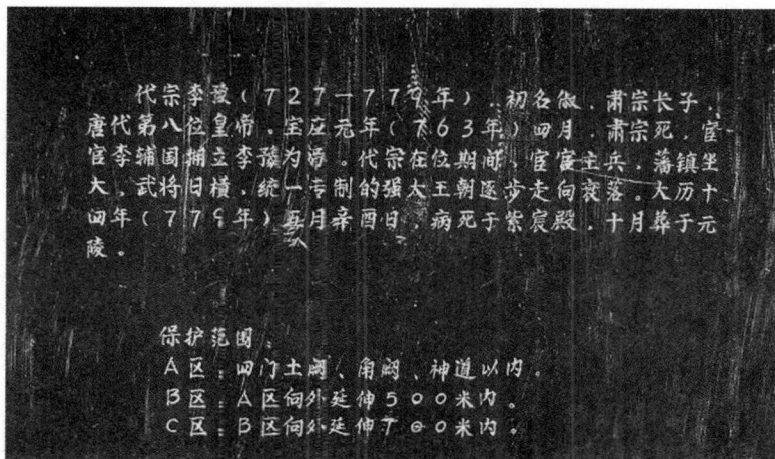

终于为这位功勋卓著的老将所遭受的不公所悔悟，于是亲拟诏书给郭子仪道：朕不德不明，让大臣心中忧虑，这是朕的过错，朕甚感惭愧。从今以后，爱卿不要再有什么疑虑了。"

　　叛军方面，虽然安庆绪、史思明已死，但史朝义还盘踞在洛阳，对唐王朝构成了不小的威胁。代宗即位后，立即任命雍王李适（即后来的德宗）为统兵元帅，郭子仪为副帅，让他们出兵讨伐史朝义。但由于鱼朝恩、程元振的交相诽谤离间，

代宗又一次取消了对郭子仪的任命，而改命朔方节度使仆固怀恩担任雍王的副手。雍王李适认为单靠唐军的力量无法消灭叛军，便向回纥借来十万大军，攻打洛阳。史朝义败走莫州（今河北任丘北）。史朝义的部下田承嗣、李怀仙等见大势已去，遂率部下向官军投降。史朝义众叛亲离，走投无路，自杀身亡。至此，这场前后延续近八年的"安史之乱"才算完全平定。"安史之乱"给人民带来了极大的痛苦，造成了成百上千的人流离失所，社会生产遭到严重破坏。唐朝廷经过这次战争，国力也逐渐由盛转衰。

（三）计退吐蕃劝君归京

郭子仪虽然屡遭诬陷，被迫赋闲在家，但他却时刻关注着国家的安危。安史之乱以来，西北边境的驻军大多被调到北方去讨伐叛军，造成了西北边境的

防务十分空虚，青藏高原的吐蕃势力趁机向内地扩张，屡屡袭击唐朝边境。郭子仪多次上书，指出："吐蕃、党项不可忽视，宜早为之备。"但是，朝廷却一直置若罔闻，不予采纳。

上元三年（762年），吐蕃大肆攻唐，占领了陕西凤翔以西、邠州以北的十几个州县。边疆官员的告急公文纷纷送来，但上报朝廷的军情文书都被程元振扣压。广德元年（763年）十月，吐蕃兵又占领了奉天（今陕西乾县），武功（今陕西武功），直接威胁京城长安，朝廷这才获悉情况。代宗皇帝大为震怒，急命郭子仪为关内副元帅，出兵咸阳，保卫京师长安。但是，由于郭子仪长期赋闲在家，其部属大都离散，此次受命赴任，手下无兵无将，只有随行的二十余人。当他们抵达咸阳时，吐蕃军的二十万人马，遍布原野，已经绕开咸阳，渡过渭水，进逼长安。郭子仪急忙派人回京奏报，请

求火速派兵增援，但又遭到程元振的阻拦，消息无法传达给皇帝。吐蕃军越过便桥（长安与咸阳之间的渭水桥），直抵长安。警报传来，代宗不知所措，东逃陕州，京城禁军也一哄而散，长安城陷入一片混乱之中。郭子仪获悉皇帝离京，忙由咸阳返回长安，人还未到京城，就遇到射生将王献忠带领五百骑兵，挟持着几个亲王准备去投降吐蕃。王献忠见到郭子仪，便怂恿道："现在皇上东逃，朝中无主。您身为兵马元帅，废立皇帝

之事全在您一句话。"郭子仪将他训斥一顿，并命令他立即率兵去护驾。王献忠对郭子仪一向敬重，马上遵命带兵去追代宗。十月九日，吐蕃大军进入长安，大肆洗劫府库街市，焚烧房屋，长安城被洗劫一空。

长安失守后，郭子仪虽然只有几千兵力，但仍坚守在长安城外，阻挡吐蕃大军的乘势东进。为了壮大军事力量，郭子仪派人四处招抚溃逃的唐兵。逃兵听说郭子仪来招，喜不自胜，几天时间就招集到四千多人马，军势才逐渐兴盛起来。他激励将士要振奋斗志，收复京城。讲话时郭子仪声泪俱下，令众将士深受感动，一致表示，愿听从他的指挥，拼死为国效力。虽然各地支援郭子仪的兵马也先后到达，但和吐蕃相比，仍然兵力悬殊。郭子仪分析了敌强我弱，敌众我寡的形势后，认为只能智取，不可强攻，决定采取声东击西、虚张声势之计。他先派部将段秀实去劝说邠宁（今陕西彬县）节度使白孝德，请他出兵助战；再派羽林军大将军长孙全绪带领二百轻骑，到蓝田城北面，白天雷鼓呐喊，夜晚燃起火把，牵制吐蕃兵力；又派光禄卿殷仲卿率骑兵渡过浐水，在长安城外巡游示威。

吐蕃军见北面和东面的唐军云集而至，不明其中虚实，军心开始浮动。而

郭子仪又派人传话给长安城内民众，让他们哄骗吐蕃兵说："郭令公已率大军从商州赶来，兵马多得不计其数。"吐蕃兵信以为真，开始逐渐从长安撤军。禁军将领王甫奉命潜入长安城内，暗中招集了几百名侠义青年，乘夜在大街上击鼓高喊："唐朝大军进城了，快快投降吧！"吐蕃兵不知虚实，大为震惊，连夜撤出了长安，弃城西逃。郭子仪率领唐军不

战而胜，顺利收复了长安。

　　此次吐蕃入侵，京城失陷，天下人都将责任归罪于乱政的宦官程元振，谏官也多次参奏他，程元振非常害怕。这次郭子仪又收复了长安，立下大功，威信越来越高。程元振深忙代宗重用郭子仪，所以极力劝代宗在洛阳建都，以达到继续控制朝政的目的。为了国家的利益和朝廷的安稳，郭子仪上书绘代宗皇帝："长安地势险要，前有终南山、华山做屏障，后有泾、渭二水护卫，右连陇蜀（今甘肃、

四川地区），左接崤、函（崤山、函谷关），
进可攻，退可守。秦汉两朝占领长安称帝，
隋炀帝因弃长安而亡。高祖先入关而后
定天下，太宗以后鲜有定都洛阳。平定
安史之乱，既是天意，也得益于长安得
天独厚的地势条件。至于此次吐蕃入侵，
乃是人祸所致。长安经过几朝的建设，
宫殿华丽，市场繁荣，经济发达。再看
洛阳，经过几场战火，满目疮痍，宫殿

多被烧毁，又地处中原，无险可据，宜攻不宜守，请陛下慎重考虑。"

代宗看完奏章，禁不住热泪盈眶，对左右文武百官说："郭子仪尽心于国家，真正是社稷之臣。朕要早日返回京师。"

广德二年（764 年）十一月，代宗从陕州返回长安，郭子仪伏地请罪，皇帝将车停下来安慰他说："朕没有及早用卿，所以才到这种地步……"随后，代宗赐给郭子仪铁券（免死牌），并下令在凌烟阁为其画像，以表彰他挽救社稷的特殊功勋。

四、单骑退回纥

广德二年（764 年）正月，在平定安史之乱过程中立有大功的朔方节度使仆固怀恩与朝廷的矛盾逐渐公开化。仆固怀恩原是郭子仪的部下，长期在郭子仪的麾下当职，在收复两京的战斗中，曾立下过汗马功劳。后来郭子仪被夺兵权，仆固怀恩出任朔方节度使。由于功高位重，屡遭佞臣的诬陷，他本人也常居功自傲，对朝廷的封官加爵不满，朝中有人诬告他要谋反，代宗皇帝的态度也并不明朗，这就更加深了仆固怀恩和朝廷之间的猜忌。安史之乱平定后，仆固怀恩率数万朔方军驻守汾州（今山西汾阳），准备发动叛乱。代宗考虑到郭子仪长期任朔方节度使，又以治军宽厚而深得人心，朔方将士对郭子仪的思念如同孩子对父母的思念一样深厚，而仆固怀恩本人也是郭子仪的部将，对郭子仪有一定的感情，因此代宗于广德二年正月任命

　　郭子仪兼任河东副元帅、河中（今山西永济）节度使，率军镇守河中。随后又任命他为朔方节度大使，用以镇抚仆固怀恩。诏令一下达，仆固怀恩的将士就纷纷议论："我们跟着怀恩背叛朝廷，有何面目见汾阳王（即郭子仪）？"二月，郭子仪到达河中，适逢城中守将纵容士兵抢掠百姓，郭子仪整饬军纪，斩杀数十人，河中秩序从此恢复安定。仆固怀

恩的部队闻听郭子仪到来，内部发生分裂，将士离心，不愿再跟随仆固怀恩反唐，众将领率军归附了郭子仪，其他反叛部队闻讯后也纷纷归顺郭子仪。仆固怀恩的母亲当初曾坚决反对他叛唐，在仆固怀恩兵败后，他劝母亲跟他一起逃走，遭到母亲的怒斥，并提刀要杀仆固怀恩，说："我为国家杀此奸贼，取其心以谢三军！"在众叛亲离的情况下，仆固怀恩仅率数百骑兵逃往灵州（今宁夏灵武）。郭子仪到达汾州后，仆固怀恩部众全部归顺。就这样，郭子仪兵不血刃而平定一方，避免了一次大规模的叛乱。

广德二年十月，仆固怀恩招集吐蕃、回纥军共计十万人马，绕过邠州，进逼奉天，京师惶恐。唐代宗以郭子仪出镇奉天。仆固怀恩率领十万大军（包括吐蕃、回纥兵）来到奉天，在城外挑战，诸将纷纷请战，郭子仪制止他们说："敌兵深入，其利在于速战，我坚壁以待之，

彼必以为我军虚弱，不加戒备，如此即可破敌。如果匆促出战，一旦不利，则众心离散。有再敢言战者斩！”郭子仪随即部署部队，加固城墙以待之，果然一路横冲直撞、势如破竹的仆固怀恩的部下看到奉天城外唐军严整的军容和随风飘扬的帅旗上异常醒目的"郭"字，惊慌不已，不战而退。

永泰元年(765年)九月，仆固怀

恩再次勾结吐蕃、回纥、吐谷浑等共计三十万大军进犯唐朝。敌军来势凶猛，接连攻陷了邠州、凤翔、奉天等地，长安告急。代宗四处调兵遣将，扼守要冲，自己亲率禁军屯守在长安禁苑中，同时急召郭子仪从河中返回，屯驻长安北面的泾阳（今陕西泾阳县）城，抵御贼兵。

十月，郭子仪刚到泾阳，就被敌军重重包围。面对十倍于己的强敌，郭子仪镇定自若，毫不慌乱。他一面部署诸将四面防守，一面亲率骑兵出没于前后

左右侦察敌情。恰在这时，仆固怀恩在行军途中暴病而死，群凶无首，各自为战。率领回纥兵的主将是怀仁可汗的弟弟药葛罗，他为了防止被吐蕃乘机吞并，将兵营从城北转移至城西。郭子仪得知后，心中暗喜。他认为，在平定安史之乱收复两京的战役中，自己曾亲率大军与回纥军并肩作战，在回纥军中有较高的威望，有可能利用回纥与吐蕃的矛盾，说服回纥共同击败吐蕃。于是郭子仪派自己的得力部将李光瓒前去回纥大营试探，面见回纥军主将药葛罗。李光瓒见到药葛罗后，转达了郭子仪的问候，同时劝其不要与唐王朝为敌。药葛罗听说他是郭子仪派来的，疑惑地问："郭令公真的还健在吗？"仆固怀恩说："天可汗（指唐朝皇帝）已经抛弃四海，郭令公也已谢世，中原无主，我们才随同他来的，否则我们也不会率兵攻唐。如果郭令公确实在此，就请他亲自来和我们见面。"

李光瓒回城后向郭子仪做了汇报。郭子仪深知只有争取回纥和唐军联合，重点打击吐蕃，才能取得战争的彻底胜利。如果错过这个机会，战争的胜负，京城的安危不堪设想，他立即决定，亲自到回纥军营走一遭。他说："现在敌我兵力悬殊太大，难以武力取胜。我与回纥将士曾有着比较亲密的关系，不如亲自去和他们谈一谈，也许有可能使回纥兵不战而退。"多数将领赞同郭子仪的意见，但又为他的安全担心，提出派五百

精锐骑兵一同前往。郭子仪不同意，并说这样反而会弄巧成拙，引起对方怀疑而耽误了大事，于是决定单骑进入回纥军营。这时随父出征的儿子郭晞急忙赶来，拦住马头哭道："回纥像虎狼一样凶残，父亲您身为国家元帅，怎么能冒生命危险去回纥军营中谈判呢？"郭子仪严肃地说："根据目前的形势，如果两军开战，不但我们父子性命难保，就连国家的命运也危在旦夕。如果能以诚意说服回纥，则是天下之大幸。万一谈判不成功，我就以身殉国。"郭晞还是拦着马头不放，郭子仪扬起马鞭，向儿子的手

上打去，儿子不得不松开了缰绳，郭子仪仅带几名随从，直奔回纥军营。

郭子仪边走边叫随从高喊："郭令公来了! 郭令公来了!"回纥首领药葛罗，怕唐军用计，赶紧叫部下摆阵，自己也搭弓上箭，准备射击。郭子仪见此情形，不慌不忙翻身下马，脱下盔甲，放下刀枪，牵着马继续向回纥军前走去。回纥首领仔细辨认，见果真是郭子仪，纷纷下马施礼，上前迎接郭子仪。药葛罗也放下弓箭，赶紧走上前跪拜迎接。郭子仪扶起药葛罗，与回纥将领一起走进帐内。

一阵寒暄过后，郭子仪对药葛罗说："你们为唐朝立过大功，朝廷待你们也不薄，现在为什么要违背盟约，进攻我大唐？仆固怀恩叛君弃母，世人唾骂，能对你们做什么好事？你们跟着他，抛弃前功而结新仇，背离唐王而助叛臣，这是多么愚蠢的举动！"郭子仪的一番话，说得药葛罗非常惭愧，连连说："请郭令公恕罪，我们是上当受骗了。仆固怀恩说唐朝皇帝已经驾崩，令公早已去世，中原无主，所以我们才率兵而来。现在皇帝仍坐镇京城，令公又统兵在此，我们哪里还敢再与您为敌呢！"

郭子仪见大事已成，就进一步讲道："吐蕃本是我朝舅甥之国，现在忘恩负义，乘中原内乱，不顾与朝廷的关系，屡次兴兵侵犯边境，深入我朝内地，烧杀抢掠，无恶不作。现在吐蕃又想吞并你们，你们为何不反戈一击，这样既能打败吐蕃获取其财物，又可以与唐朝继续友好下去，一举两得，何乐而不为呢？"药葛罗听后，当即表示赞同。双方于是对天盟誓，合击吐蕃。

吐蕃军得知回纥与唐军结盟，感到大势不妙，连夜撤兵西逃。郭子仪当即派遣朔方兵马使白元光率骑兵与回纥会

师追击吐蕃军，自己亲率大军继其后，唐军和回纥联军追至灵台西原赤山岭（今甘肃灵台县西），大败吐蕃军，斩首吐蕃士兵五万余人，俘虏上万人，夺回了被吐蕃抢走的工匠、妇女四千多人，缴获的牛羊驼马，三百里内接连不断。各路受仆固怀恩蛊惑来攻唐的大军随之闻风丧胆，逃之夭夭。郭子仪单骑退兵，从此名震千古，传为佳话。

五、再镇叛乱 保卫边关

（一）不战平叛军

就在郭子仪单骑见回纥，与回纥结成同盟，吐蕃闻讯退兵时，唐朝同州（今陕西大荔）、华州（今陕西华县）节度使周智光奉命拦截，在澄城（今陕西澄城）击溃一支吐蕃部队，夺回了被吐蕃掠夺的牛马及军用物资数以万计，并乘胜追击吐蕃至鄜州（今陕西富县）。周智光素与鄜坊节度使杜冕不和，便欲借战乱之

机，杀害杜冕族人以泄私愤。鄜州刺史张麟进行劝阻，周智光不听。于是张麟便派兵将杜冕的家族保护了起来。周智光大怒，一气之下杀了张麟，血洗了杜冕的家族，并纵火烧毁民宅三千多间，将财物抢掠一空，返回同州。吐蕃被击败后，周智光进京报捷，代宗没有因其公报私仇、滥杀无辜问罪，这反而更助长了他的嚣张气焰。

周智光返回华州后，更加狂妄。大历元年（766年）正月，代宗令杜冕离职到梁州（今陕西汉中）避难，周智光听说后，私自派兵在商州（今陕西商洛）进行截击，想置杜冕于死地，但由于保护得力，周智光的阴谋并没有得逞。私自谋杀朝廷官员在唐朝是重罪，周智光深知自己罪不可救，便愈发放纵自己，纠集大批亡命之徒，抢掠民财，同时暗中招兵买马，意欲反唐。他还擅自截留从关东漕运入京的粮米，夺取关东各地进献朝廷的贡品，并杀死押送物品的使者。许多前往朝廷任职办事的官员，因畏惧周智光的残暴，都不敢经过华州，而是悄悄绕到渭北而走同州。周智光闻

讯后，不但没有收敛，反而派兵在去往
同州的途中拦截，并肆意杀害。由于连
年的战事使得朝廷不愿大动干戈。因此
代宗对周智光也是一直采取安抚政策，
并多次召其回京，但周智光每次都是
抗旨不遵。由于华州紧邻京城长安，周
智光的所作所为，已经成了朝廷的心腹
之患，不得不除之以平民愤。大历元年

十二月，代宗为了招抚周智光，特地下诏书晋升其为尚书左仆射，派使者前往华州宣诏。周智光不但不谢恩，反而大骂使者，并扬言要挟天子以令诸侯。代宗知道后，知其已决意要反，便不再招抚。

大历二年（767 年）正月，代宗决定让郭子仪出兵征讨周智光。由于同州和华州是通往河中的必经之地，河中与同州只有一条黄河相隔，代宗密令郭子仪的女婿工部侍郎赵纵进宫，向其口授密旨。赵纵奉旨，抄小路送往郭子仪的大营。郭子仪阅读诏书后，立即派大将浑瑊、

李怀光率军进至渭水边驻扎，准备向南渡河以攻取华州。周智光的部下向来敬畏郭子仪，得知河中军要渡河西攻，顿时军心涣散，斗志全无，纷纷投奔郭子仪。周智光看到自己众叛亲离，自知难以对抗朝廷，急忙向朝廷上表悔过，请求赦免。于是一场叛乱不费一刀一枪便被镇压。这不能不说是郭子仪在军队中的崇高威望所致。

（二）神威镇边疆

　　周智光叛军归附后，吐蕃再次派骑兵侵扰泾州（今甘肃泾川）。郭子仪奉诏率军西进，从河中移师泾阳，以抵御吐蕃进攻长安。吐蕃听说郭子仪西进，不敢继续南下，转而攻占灵州，郭子仪统帅朔方军主力北上，在灵州大败吐蕃军，斩杀其二万余人，随后带兵返回驻地泾

阳。大历三年（768年）初，关中局势平定，代宗又令郭子仪率军回驻河中。吐蕃得知郭子仪离开泾阳后，又率十万大军进犯灵武。郭子仪率朔方及河中军五万余人西进奉天，派白元光率骑兵反击，在灵武外围大败吐蕃军，歼敌二万。与此同时，郭子仪又派人偷袭了吐蕃的后方基地，焚烧其军粮，吐蕃军不得不再次败退。

吐蕃军队的连年入侵，使得唐朝廷

对京城西北的防御问题更加关注。吐蕃
兵战场主要集中在京城西北方向，而西
北方的邠宁节度使马璘所率的四镇兵马
实力无法与吐蕃军相抗衡。但郭子仪统
率的朔方重兵却驻守在河中，远离战场，
这样使得边境的驻防出现了疏漏。大历
三年十二月，代宗下诏任命郭子仪为邠
宁、庆州（今甘肃庆阳）节度使，屯兵于
邠州，改任马璘为泾原（今甘肃泾川北）
节度使。自从郭子仪镇守邠州后，吐蕃

轻易不敢再进犯唐朝边境，由此唐朝西北边境保持了近五年的安定局面。

大历八年（773年）十月，重整旗鼓的吐蕃再次兵分两路侵扰唐朝。一路以万余人围攻灵州，以牵制郭子仪的朔方军，但很快被唐军击败。另一路十万人为主力，进攻泾、邠等州。郭子仪派朔方兵马使浑瑊率步骑兵五千前去迎战，与在盐仓（今甘肃泾川西）的泾原节度使马璘互相构成掎角之势。但是由于浑瑊属于资历较浅的年轻将领，朔方军中的老将并不服气，不愿听从浑瑊的指挥和调遣。再加上骄傲轻敌，战前饮酒大醉，导致朔方军惨败。浑瑊等奋力突出重围，才避免了全军覆没的结局。与此同时，马璘在盐仓的战斗中也惨遭败绩。郭子仪在邠州得知前线战况失利，紧急召集诸将商讨作战方案。他首先说道："此次战争的失利，责任在我，而不在各位将军。我们朔方军一向以能征善战闻名天下，如今却被吐蕃打败，用什么计策才能一雪今日之耻呢？"诸将面面相觑，无言以对。浑瑊主动请求再战，表示要戴罪立功，以功赎罪。郭子仪答应并赦免了浑瑊，并重新调整了兵力部署，派浑瑊和盐州（今陕西定边）刺史李国

臣等率军迂回到吐蕃军背后，伺机发动进攻。吐蕃军闻讯后立即回撤。浑瑊所率大军早已埋伏在吐蕃军所必经的道路两侧，进行伏击。当急速回撤的吐蕃军进入到唐军的埋伏圈里时，浑瑊大喝一声，身先士卒，冲向敌阵，唐军两侧夹击，大败吐蕃军，将吐蕃掠夺的物资等全部追回。而马璘也派兵袭击了吐蕃军的辎重基地潘原（今甘肃平凉东南），杀敌数千人。吐蕃军后方告急，无心恋战，只得全线西退。吐蕃的侵犯又一次被打退。

大历九年（774 年）二月，郭子仪奉
命回朝述职。代宗在延英殿单独召见了
郭子仪，君臣二人在谈到吐蕃强盛，屡
次犯边的危机时，禁不住慷慨激昂，随
后郭子仪回家立即起草奏章，就边境问
题向代宗提出了自己的建议，在奏章的
最后，郭子仪以自己年事已高，力不从心
为由，委婉地向代宗提出了告老的请求，
以便使年轻的将领脱颖而出。代宗审阅
后，亲下诏书说："爱卿为国家深谋远虑，

殚精竭虑，朕十分高兴。但是朕一直依赖爱卿，爱卿切不可辞官告老！"就这样，近八十岁高龄的郭子仪仍旧驻守在唐朝的边疆，忠实地保卫着大唐的每一寸国土。

唐朝与回纥曾经有过很好的合作，曾数次借回纥兵平叛，从而得以重振唐朝社稷。但是回纥兵自恃有功于唐，日益骄横，并且屡生事端。尤其是住在京城里的回纥使者和骑兵常常抢掠百姓财物，欺行霸市，甚至行凶杀人，殴打唐朝官吏。这种情况发展到后来，竟直接转变成了兴兵进犯唐朝边境城市。大历十年（775年）十二月，回纥一千余骑兵进犯夏州（今陕西靖边），被唐军守将击败。驻守邠州的郭子仪得到军报后，立即派出三千精骑前往增援，回纥骑兵闻风而逃。大历十三年（778年）三月，回纥使者回国途经河中时，留守河中的朔方将士早已对回纥兵的骄横忍无可忍，于是就将回纥使者的辎重财物扣留，双方发生了械斗。作为报复，回纥兵在河

中城内大肆抢劫财物。鉴于回纥兵的所作所为，已经严重扰乱了边境百姓的正常生活，郭子仪上奏代宗，请求派邠州刺史浑瑊率兵前往河东方向驻防，与黄河西岸的夏州方向构成掎角之势，以抵御回纥骑兵的侵扰。随后随着唐军不断增加兵力，回纥军见唐军防守严密，无机可乘，才逐渐北撤回国。

大历十四年（779年）五月，唐代宗病逝。代宗在遗诏中交代在国家治丧期间由郭子仪代理朝政，辅佐太子。郭子仪这才奉命回朝，结束了自己长达六十余年的戎马生涯。随后，太子李适即位，是为唐德宗。德宗体恤郭子仪的劳苦功高，免去了他的一切军事职务，并赐号"尚父"，让他安度晚年。

建中二年（781年）夏，郭子仪病重。德宗派舒王李谊前往汾阳王府探视问候。此时，这位为大唐的江山社稷战斗了一生的老将已不能起床，只能以手叩

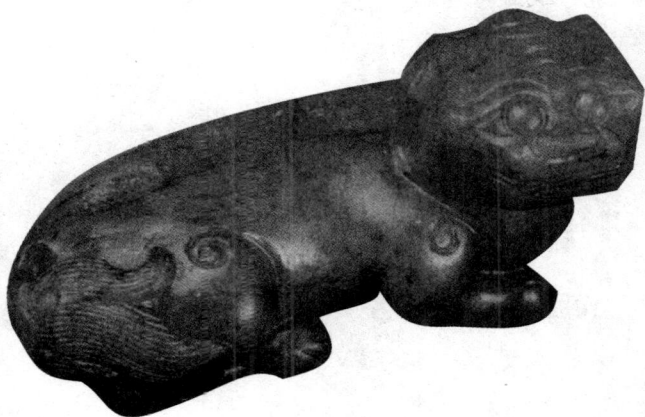

头谢恩。六月十四日，郭子仪去世，享年八十五岁。德宗下诏罢朝五日，追赠郭子仪为太师，灵柩陪葬在建陵（唐肃宗陵）。按照唐朝的陵墓制度规定，郭子仪的坟高当为一丈八尺，德宗特下诏命，将郭子仪的坟再增高一丈，以表彰他的盖世功勋。

六、忠君爱民　　后世垂范

（一）胸怀宽广铁面无私

安思顺任朔方节度使期间，郭子仪和李光弼同为其部下大将。李光弼比郭子仪年轻十岁，是个很有军事才能的将军，治军严厉，但他很看不惯郭子仪温顺宽容的性格，因此对郭子仪并不尊敬。当年两人即使同桌进餐，也是互相不说一句话。郭子仪和李光弼不合，是军中公开的秘密。

安史之乱爆发后，唐玄宗提升郭子仪任朔方节度使，位居李光弼之上。李光弼怕郭子仪刁难他，曾想调到别的地方去。这时朝廷仍需要一位得力的大将率部队出井陉，去平定河北。于是玄宗向郭子仪征求意见，郭子仪出以公心，推荐了李光弼。李光弼起初并不领情，没想到郭子仪会推荐自己，以为郭子仪是借刀杀人，让他去送死。可是朝廷有令又不能不服从。临行前他对郭子仪说："我早想一死了之。只希望你能放过我的

妻儿家人，不要牵连无辜。"郭子仪听
到他冤枉自己的话后，拉着李光弼的手，
流着热泪对他说："现在国难当头，军情
紧急。我器重将军，才点你的将，你我
二人当以国家安危为重，那能计较什么
个人恩怨？此次东征重任，只有将军才能
担当啊！"于是李光弼受命为河东节度
使，郭子仪从朔方军中分出了一万名将士，
交给李光弼指挥。当李光弼率大军出发

时，郭子仪又亲自前来送行。郭子仪摒弃前嫌，推荐李光弼的高风亮节和宽广胸襟，也一直为世人所称道。

大历二年（767年）九月，郭子仪正率大军与吐蕃在灵州作战。而此时，有人掘了郭子仪父亲的坟墓，可是盗贼却没被抓到。人们怀疑是受朝中宦官鱼朝恩指使，因为鱼朝恩一向嫉妒郭子仪，并向皇上屡进谗言，一再阻挠皇上任用郭子仪。郭子仪闻讯后，隐而不怒。

110

十二月，郭子仪自泾阳返京汇报战况，朝廷内外及满朝的公卿大臣都很忧虑，认为郭子仪对这种欺侮祖宗的恶行肯定不会善罢甘休，唯恐他重兵在握，惹出事端。代宗也担心郭子仪会因此事而发动兵变，内心深感不安。待到郭子仪入朝时，代宗便提起此事，并以好言相劝。不料，郭子仪反而声泪俱下，哭奏道："臣长期主持军务，不能禁绝暴贼、士兵盗

掘别人坟墓的事，也是有的。现在有人挖我祖坟，这是上天对我的惩罚！"满朝的文武大臣听了他的回奏后，都钦佩他的宽容与谦恭。

大历四年（769年）正月，经常向皇上进谗言诬陷郭子仪的宠臣鱼朝恩突然邀请郭子仪到他刚修建的章敬寺游览。当时的宰相元载也素与鱼朝恩不合，便借机制造郭、鱼二人的矛盾。他暗中对郭子仪的部将说：鱼朝恩的举动，恐怕是别有用心，怕对你们将军不利啊！部将们最后决定派三百武士内穿铁甲跟随保护郭子仪，却遭到了郭子仪的拒绝。

郭子仪对将领们说："我是朝廷的大臣，鱼朝恩怎么能随便来谋害我呢？"于是他轻车简从，只带了几个家童前往。鱼朝恩看到郭子仪仅带了几个家童，感到很惊诧，就问郭子仪，郭子仪便把所听到的如实相告。鱼朝恩深感惭愧，感慨地说："如果不是您这样有德行的长者，别人怎能不怀疑我呢？"

郭子仪宽阔的胸怀和坦荡的胸襟令人敬仰，同时他的正直无私、不徇私情更使人敬佩。按照规定，军营中严禁无

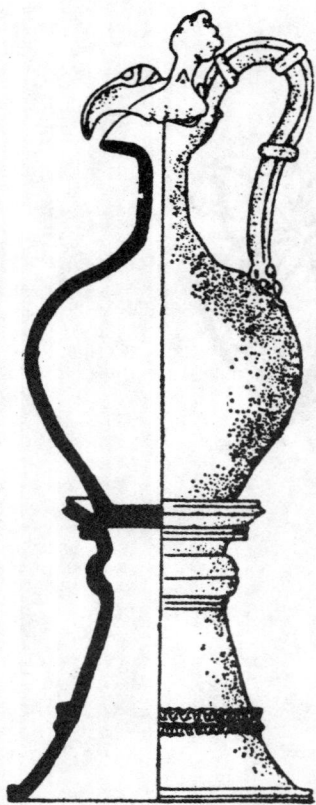

故骑马奔驰。又一次，郭子仪夫人乳母的儿子仗势违反了这条军纪，军营中负责监察军纪的官员不顾左右的劝告，依法将其处死。郭子仪的几个儿子听说后，向父亲哭诉，说监察官专横无理，目中无人，要父亲将他拿下并用刑。郭子仪听后，把儿子们一顿训斥："你们不明事理，只知祖护家人，却不懂尊重将士，维护军纪！"儿子们吓得一个个再也无话可说。代宗皇帝死后，还没下葬，国家明令严禁杀生。但郭子仪的本家仗着他的权势，偷偷地杀了一只羊。左金吾（唐左右金吾卫掌宫中及京城警卫）将军裴谞把这件事报告给了德宗皇帝。有人提醒裴谞说："郭令公已七十多岁，他是国家的大功臣，怎么不看他的情面呢？"裴谞说："我这样做，正是维护郭令公的声誉，让人们都知道他可敬而又可畏。"郭子仪知道后，严办了他的本家，并亲自向裴谞表示感谢。

（二）治军有方为人楷模

郭子仪是我国历史上著名的军事家。他通晓兵书，但从不机械地搬用古代兵法。他多谋善战，战功赫赫却从不盛气凌人。他待部下的宽厚仁爱是举国皆知的，他从不打骂士兵，对待士兵如同对待自己的亲人一般，因此他一直受到官兵的拥护和爱戴。每当郭子仪奉命调离时，部下将士都是前呼后拥，极力挽留，不舍之情溢于言表。郭子仪唯恐部下惹是生非，每次都再三叮嘱，而将士们也

都确实做到了不骄不躁，维护了郭子仪的统帅地位和崇高威望。同时，郭子仪带兵打仗，对自己要求也非常严格，处处做士兵的榜样。他领兵打仗从不侵犯百姓的利益。他常说："养兵千日，用兵一时。要打胜仗，必须把兵练好；要练好兵，就要有充足的军粮。"当时，连年战争，农村经济破坏，人民生活非常困难，筹集军粮确实不易。为了减轻人民的负担，他不顾自己年迈力衰，亲自耕种。在他的带动下，官兵在休战时，一边训练，一边参加农业劳动。动乱时期，他的驻地丰收的庄稼到处可见。这样既充实了

国库，又减轻了人民的负担。

　　郭子仪的治军方法和身先士卒的榜样力量，使他不仅在唐朝军队中享有崇高的威望，在叛军和吐蕃、回纥军中也深受尊敬。安史之乱平定后，原安史叛军的骁将田承嗣被封为魏博节度使，坐镇魏州（今河北大名县东北）。他蛮横无理，不断地进行武力扩张，并逐渐发展成为当时最大的割据势力之一。郭子仪

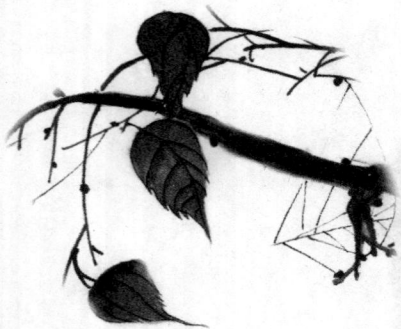

派遣使者前去魏州，田承嗣朝着郭子仪所在的方向遥望叩拜，并指着自己的膝盖对使者说："我这双膝盖，不向别人下跪已有多年了，今天专为郭令公跪拜。"大历十一年（776年）五月至十月间，河南节度使（治在汴州，今河南开封）李灵耀统兵自重，图谋反叛，对经过汴州的公私财物一律劫持。而唯独郭子仪封地缴纳的财物经过时，他不敢扣留，并且派兵护送出境。在吐蕃和回纥军中，则把郭子仪称为神人，并且只要是郭子仪镇守边疆，吐蕃、回纥都不敢轻易侵犯唐朝边境。

郭子仪不但治军有方，而且在做人和教育子女方面也是后人学习的楷模。广德二年（764年）十一月，郭子仪在击败仆固怀恩所率联军的进犯后，班师回朝，受到了朝廷的隆重接待。唐代宗为了表彰郭子仪的退敌平叛之功，加封他为关内、河中副元帅兼尚书令。郭子仪从不把打仗破敌当做升官发财的途径，上表坚决要求辞去尚书令一职。代宗不同意，命令他速到尚书省办理政务，又令文武百官前去庆贺，但郭子仪仍拒不受命，再次上奏说："尚书令之职，太宗皇帝在武德年间曾经担任过，所以此后几朝都不再设置。雍王有平定关东大功，才担任此职。陛下应当继续奉行，不能为了宠信老臣，而破坏了国家法度。自兵乱以来，纲纪破坏，时下与人比高低、争权势已成风尚，我近来一直观察这种流弊，思考如何革除其源头，未敢轻易

上奏。现在，叛乱已平，正是陛下建立法规，审核百官的时候，希望朝中兴行礼让，就由老臣开始做起吧。"代宗深深为郭子仪的高尚品德所感动，准其所奏。郭子仪一生几起几落，宠辱不惊，真正做到了"权倾天下而朝不忌，功盖一代而主不疑"的为人臣的最高境界，这与他不贪恋官职权贵，始终以江山社稷为重的思想是分不开的。就这一点，足以为后世为官者之楷模。

郭子仪戎马一生，身份显赫而且长寿。他有八子七婿，都是朝廷重要官员。唐代宗的四女儿升平公主嫁给了郭子仪的六儿子郭暖。在郭子仪的七十大寿时，全家人都来祝贺，升平公主没有参加，儿子郭暖气愤之下打了皇帝的金枝玉叶，并斥责道："你不就是依仗你老子是皇帝而不来拜寿吗，我父亲还不愿意当皇帝呢！"升平公主一听大为恼火，立即回宫向代宗告状。代宗安慰女儿说："这不是你女儿家能明白的，你丈夫说得不错，如果你公公想当皇帝，这江山早就不是咱们家的了。"郭子仪听说此事，立刻把儿子五花大绑押进宫去，请求皇上定罪。代宗笑着说："常言道，不痴不聋，不做阿家翁。儿女们闺房里的气话，何必当真呢？"郭子仪谢过皇恩，回家后还是把儿子痛打一顿，以示教训。这段故事后来被编为戏曲《打金枝》，广为流传。虽然我们对唐代宗所说的是真心话还是委曲求全的托辞无法考证，但可以看出郭子仪的确是一位忠君爱国之臣。

郭子仪的汾阳王府平日里府门大开，上自达官贵人，下至走卒商贩，都可以自由出入，无人过问。郭子仪夫人及儿女们的一举一动外人基本都能看到。儿子们感到很不自在，而且感觉脸上无光，请求父亲不要再这样做了。郭子仪笑着对儿子们说："你们不知道我的用意啊。现在我们郭家是大富大贵。可是再

往前，我们还能求更大的富贵吗？往后退呢，我们又无地可据。如果我们修起高墙，关上大门，不和外面来往，一旦有人捏造事实，诬告我们，再加上朝中嫉妒贤良的人随声附和，到那时候，我们全家老小都将死无葬身之地。现在我府门大开，外人随便出入，即便有人嫉妒我，也找不到借口啊。"儿子们听后，齐声叹服。唐德宗建中二年（781 年）二月，汾阳王郭子仪患病在家，御史中丞卢杞登门问候。郭子仪一反常态，命令妻妾、侍女等统统离开，独自一人卧床接待。众人不明白其中的道理，暗自纳闷。待到客人离开后，郭子仪才说："卢杞脸色青灰，容貌丑陋。一般人尤其是女人们看到他肯定会忍俊不禁，笑出声来。而且卢杞心胸狭窄，为人阴险，定会怀恨在心。但卢杞能言善辩，很有才华，将来如果掌握了生杀大权，一定会报复，到那时恐怕就迟了。"不久，卢杞果然升至相位，而且将那些稍微不顺从他的人统统杀死。郭子仪由于处事谨慎，从而使家族避免了一场灾祸。

七、有关郭子仪的民间传说

在我国民间，广泛流传着许多有关
郭子仪的故事和传说，李太白刑场救子
仪、武考场鞭打安禄山、郭子仪夜逢九
天玄女、百花楼降妖犹六宝等故事几乎
家喻户晓。这些故事虽大多缺乏真实的
历史依据，却表达了人们对郭子仪的无
限喜爱和崇敬之情。

（一）途中遇仙女

传说郭子仪年轻时，因在长安城打死恶少李贵，被官府追查，只身逃离家乡，跑到甘肃去投军，当了一名小军吏。

一次郭子仪奉命去京城催粮，走到途中天已完全黑了下来。突然间，前后左右，红光四射，空中一辆围着绣花锦幛的香车自天而降，车中端坐一位美女，盈盈含笑，郭子仪一见，立即跪拜叩求道：今夕乃七月初七，想是织女临凡，愿仙女赐给我富贵长寿。仙女道：我乃九天玄女也。适才云路过此，特地与你一会。你本是福星，自能大富大贵，多福多男又多寿，何必多问。只是眼下有些小厄，也能逢凶化吉。后来扶持唐室者，应在你身上，望切记珍重。说完，冉冉升天，慢慢隐去。郭子仪拜谢起身，心想：果真如此，我定当效忠唐室，斩绝奸邪。

后来，郭子仪建功立业，出将入相，

富贵盛极。他在镇守河中时，得了一场重病，天子和满朝文武都很担忧。郭子仪对来探视的人说：此病虽重无妨，我知道天年未尽。后来郭子仪八十五岁高龄才寿终，八子七婿数十孙，富贵寿考，福禄双全。

（二）大难遇明皇

郭子仪从小习文练武，到十六岁时，已练就一身硬功夫。长枪短棍，样样精通，可以说是文武全才。

五台山上有个铁头长老下山化缘，

来到华州城，见郭子仪英俊魁梧，刚直朴实，又得知他学过武艺，只是门路有限，便收他为徒，教他学会了三百六十五路神洪拳，七十二路连环鸳鸯腿，一百单八路点穴法，还教会了他十八般兵器。铁头长老嘱咐郭子仪说：凭你的本身武艺，再加上为师教你的本事，胜你之人不多。你虽有一身本领，但不可目中无人，不敢任意胡为，要替天行道，除暴安良！子仪一一拜领：谨遵师言。后来仍每日用功，天长日久，名声越来越大，还流传着两句话：打遍天下无对手，莫遇华州郭子仪。

郭子仪虽有武艺，且名声很大，但从不恃强称霸，对乡邻百姓更是古道热肠，扶危解难，看见官府欺压黎民百姓，总喜欢打抱不平。华州知府一次受了地方绅士贿赂，枉断官司，使得受害人日夜以泪洗面。他就直入公堂和知府评理，衙役要抓他却被他打了个落花流水。知府见情不妙，只得把案子重审。

这一闹不要紧，却惹出了祸端。有一天，郭子仪正在院中练刀功，他叔父

见他宝刀上下翻飞，银光闪闪，如白蛇缠身一般，便近前问郭子仪哪来的这般好刀，郭子仪便收刀给叔父观看。不料叔父年纪大了，人老眼花，一个踉踉跄跄了前去，恰恰头碰上刀刃死了。华州知府便有了机会，借口说他忤逆杀叔，判成死囚，打入死牢。郭子仪有口难辩，身在牢笼，无可奈何。

适逢唐明皇李隆基出征败入华州，

令知府速派兵退敌，亦兵败而回。唐明皇又急旨要知府火速派人保驾，知府无法可想，为保住自己前程，只得呈奏除犯了死罪的郭子仪，就再无能人了。知府也有心计：若郭子仪能保驾安全，我就有功劳，若郭子仪被敌军杀死，就除了我的眼中钉。唐明皇即传令提郭子仪来见，见郭子仪果然虎背熊腰，相貌不凡，就让郭子仪保驾。结果郭子仪杀退追兵，平安回到长安。唐明皇就免去了郭子仪的死罪，还封了他一个军中的小官。

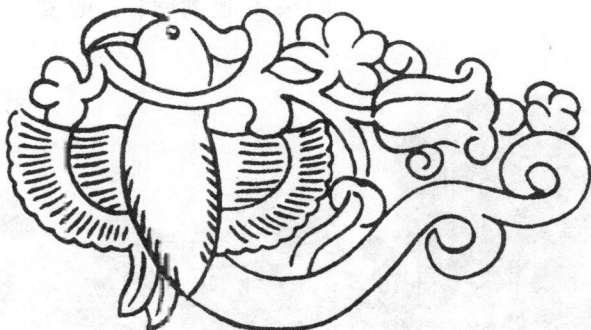

（三）寿宴传佳话

汾阳王郭子仪庆寿，在王府里大摆宴席，文武百官都带上珍贵礼物，前来庆贺。郭子仪早年落难时，在华州有个开店的朋友王小二。王小二心眼好，常常送衣送钱，接济郭子仪。现在听说郭子仪庆寿，王小二心想：这是我早年的朋友，总得去庆贺一下才好。但家道中落，店已关闭，家里拿不出值钱东西，怎么办呢? 王小二的老婆是个贤德妇人，说：我们送坛酒给郭王爷吧! 王小二急了："我们买不起酒呀! "他妻子说："古人言，

人情好，水也甜。我们没酒却有好坛子，就送一坛水去吧。"

夫妻二人抬着一坛水来到王府，门人向内通报，郭子仪一听，马上放下酒杯，说："大开中门，有请！"文武百官见郭子仪满脸喜气，亲自出迎，以为贵客来临，大家噤声肃候，不料郭子仪迎进来的是一对衣履破旧的穷人，却又不便多问。

王小二说："大人祝寿，我小二近年光景不佳，没办厚礼，特备老酒一坛，敬献大人。"郭子仪喜得哈哈大笑："好！好！"忙说道："来人啊，把恩人送的酒

给大家满斟一杯。"这句话把王小二直吓得立不住脚，差点昏了过去，想上前阻拦，又不敢动弹，只得听天由命了。

"来！各位大人请！"郭子仪端起酒杯一饮而尽，百官亦跟着齐饮一杯，郭子仪饮罢，眉头一皱，抬眼看看小二夫妻衣衫破旧，神情尴尬，还有几分惊慌之状，心中立时明白过来，连连大声夸赞："好酒！好酒！"文武百官不解其意，只以为华州老酒进口淡，后劲大，席间马上响起一片叫好声。

事后，郭子仪单独接见王小二，询问家中情况，给了他一些衣物钱财，还送给一笔大本钱，帮他重整旧业，开店经营，王小二的生意又兴隆起来。

此事一传开，从京城长安到华州城乡，人们都纷纷传颂郭王爷富贵不忘旧交，是个德高道厚的大好人。